PREMIERE

Princesse Chipie et Barbaclou en vacances

Claude Clément / Jean-François Barbier

ROUGE & OR

À Thomas et Léa,
mes deux rouleaux compresse-cœur.
À Jérémy Rassant,
le petit filou

J.-F.B.

Dépôt légal : septembre 1994
Imprimé en France par Jean-Lamour, 54320 Maxéville
ISBN 2-09-490115-7
N° éditeur : 10021445
Conforme à la loi n° 49956 du 16 juillet 1949
sur les publications destinées à la jeunesse

Quand on enlève une petite princesse délurée pour demander une rançon et qu'elle vous reste sur les bras, on est parfois très embêté !

C’est ce que se dit Barbaclou, épuisé de passer son temps à jouer. Princesse Chipie le bat aux échecs, aux dés et même… à la bataille navale ! Quand elle a gagné toutes les parties, l’infatigable fillette veut encore jouer à saute-mouton, aux devinettes ou au ballon.

Un jour, désignant un palmier, elle décrète :

— Une fois coupé, quelle planche à voile super-chouette !

Lorsque la planche est terminée, avec son jupon de dentelle, Princesse Chipie fabrique une voile exceptionnelle ! Et la voilà qui virevolte sur les flots, sous les vivats et les bravos de tout le fidèle équipage assemblé sur la plage.

Soudain, apparaît le museau d'un énorme monstre marin à tête de requin. Il la pousse vers le lointain et, bientôt, tous deux disparaissent... Voyant cela, le corsaire s'écrie en se croisant les bras :

— Bon débarras ! Et ne revenez surtout pas !

Mais, au bout de quelques heures, il envoie Bec-à-Blaguer en éclaireur. Lorsque le perroquet revient, il raconte que le monstre marin a emmené la princesse dans une crique isolée de l'Isle-aux-Crocs-d'Acier. Il menace de s'en régaler à l'heure de son déjeuner. S'il n'a pas encore fait cuire la fillette, c'est seulement parce qu'il a perdu sa boîte d'allumettes !

Foi de pirate et foie de veau,
Jambe de bois, cœur d'artichaut,
Je la ramènerai bientôt
Ni en paupiettes, ni en rôti,
Ni en beignets, ni en bouillie !
s'écrie Barbaclou, hors de lui.

Sur l'Isle-aux-Crocs-d'Acier,
Princesse Chipie est fâchée :
— Dépêche-toi de me croquer toute crue, espèce de gros crétin ventru ! Je suis mouillée. J'ai froid aux pieds. Et je risque de m'enrhumer...

— Tu te crois maligne ? Attends un peu que j'aie trouvé mon livre de cuisine ! Alors, tu mijoteras comme un bon petit plat... répond le monstre glouton.

— Ton livre de menus ? Il n'existe plus ! lui répond Princesse Chipie. Tu l'as oublié au fond du chaudron et il a ramolli dans mon bouillon.

— Comment vais-je calmer ma faim ? se désole le monstre-requin.

— Écoute-moi bien, gros ballot ! Je vais t'apprendre la recette de La Princesse aux Haricots... Mais pour cela, il faudra me laisser semer des graines et attendre plusieurs semaines qu'elles veuillent bien pousser.

— Hé ! Hé ! se dit le monstre glouton. Amuse-toi, futur petit jambon... Quand tu auras cultivé les légumes pour t'accompagner, je ne ferai de toi qu'une bouchée !

Et il sort Sa Petite Altesse de son fait-tout. Après avoir biné, semé et arrosé un peu partout, elle allume un feu et envoie des signaux de fumée à son cher Tonton Barbaclou.

Enfin, le vieux corsaire et ses compagnons repèrent l'Isle-aux-Crocs-d'Acier et finissent par s'en approcher. Mais l'île mérite bien son nom ! Ses récifs, pointus comme des couteaux, déchiquètent le radeau. Ils piquent les fesses de Gras-de-Jambon et le nez de Bec-à-Blaguer… Le malheureux Paille-de-Fer y laisse même quelques molaires !

Les bretelles coupées, le pantalon tombant sur ses pieds, le corsaire finit par aborder cette île qu'il croit désolée.

Et il est bien étonné d'y trouver
des haricots, mais aussi des poireaux,
des carottes, des patates, des radis,
des tomates et des choux !

Rampant comme des Indiens, Barbaclou, son cochon, son perroquet et son chien arrivent dans une crique. Une nappe à carreaux est dressée pour un succulent pique-nique.

— Le monstre va bientôt manger ! Notre Chipie doit avoir fini en civet ! se désolent-ils, tout chagrins.

À ce moment, le monstre marin apparaît en survêtement, tout soufflant et bondissant, suivi de Princesse Chipie qui frappe des mains et qui crie :

Un,
deux,
trois…
Flexion, extension…
Cours encore à petits bonds !
Tes kilos, tu les perdras
Et tu mériteras ton repas !

Après cette séance de vigoureuse gymnastique, tous deux s'installent devant le délicieux pique-nique.

Ce spectacle met Barbaclou et ses amis en appétit !

— À l'abordage ! crie Barbaclou, en se ruant sur les choux.

— Sus au glouton ! hurle Gras-de-Jambon en se ruant sur les oignons.

— Mort au vorace ! rugit Paille-de-Fer en se ruant sur les pommes de terre.

— On a gagné ! triomphe Bec-à-Blaguer en voyant son maître terrasser le monstre de l'Isle-aux-Crocs-d'Acier.

— Arrêtez ! proteste Princesse Chipie. Même s'il a encore l'air d'un requin, ce monstre est devenu végétarien ! C'est le roi du bouillon de légumes et ce sera bientôt un monstre poids-plume !

Après s'être expliqué, excusé et réconcilié, tout le monde s'installe dans la crique pour un énorme pique-nique. Et les amis se régalent si bien, ils s'amusent avec tant d'entrain qu'ils décident de rester camper dans cet endroit, pour tout un mois. Barbaclou peut enfin se reposer et laisser le monstre jouer avec Sa Petite Altesse qui n'est jamais fatiguée.

Pourtant, à la fin des vacances,
Princesse Chipie doit rentrer.
L'école va recommencer. Barbaclou se croit libéré. Mais au moment des adieux, elle dit d'un ton malicieux :
— Tu ne te débarrasseras pas de moi, espèce de pirate raplapla !
En bateau, à cheval, en voiture,
je te le promets, je te le jure, jambe de bois et dent de fer, je te rejoindrai au bout de la terre... Tu es content, mon vieux corsaire ?

CLAUDE CLÉMENT

L'enfance de Claude Clément a été bercée par les paysages marocains. Grande voyageuse, elle a poursuivi ses études en Tchécoslovaquie. Ce qu'elle aime par-dessus tout, c'est inventer des histoires et les raconter !

JEAN-FRANÇOIS BARBIER

Est né à Lyon en 1950. Après dix ans de guitare, il reprend le dessin qui ne l'a plus quitté. Il fait des expositions, des dessins de presse, de la publicité et de nombreux livres. Il aime les images, les histoires, la musique et la vie… sans oublier ses pinceaux et ses crayons. Il adore ses deux enfants Thomas et Léa. Il vit dans le Sud de la France.